Lb 40/96.

# COMPTE RENDU

## A L'ASSEMBLÉE

# DES REPRÉSENTANS

## DE LA COMMUNE,

LE 11 MAI 1790.

*Par le Procureur-Syndic de la Commune, des Travaux du Parquet, depuis le mois d'Octobre 1789.*

*Imprimé & envoyé aux Districts, par ordre de l'Assemblée.*

LE compte que nous avons à vous rendre ne peut pas être long. Il est semblable à ceux que vous avez entendus de la bouche de M. le maire, & de la bouche de M. le lieutenant de maire du tribunal. Ce n'est pas un compte de gestion ni d'administration : nous n'en avons eu aucune. Ce ne peut donc être que le récit de nos travaux, le tableau de notre conduite, depuis plus de six mois que nous exerçons les fonctions que la commune nous a confiées : c'est ce que je vais faire avec la simplicité qui convient à la chose.

Dans l'ancien régime, celui que je remplace étoit, sous la qualité de *procureur du roi & de la ville*, le principal administrateur. Quelle influence ne devoit pas avoir dans l'administration un officier permanent, au milieu de cinq

A

autres, dont quatre changeoient tous les deux ans, & dont le chef, connu sous le nom de *prevôt des marchands*, étoit plus ou moins long-temps en place, suivant qu'il étoit plus ou moins agréable au gouvernement ? Il résulteroit d'une pareille conftitution que l'adminiftration, quoiqu'ayant des régles certaines, dégénéroit en une adminiftration arbitraire ; les officiers municipaux n'étoient que les inftrumens du miniftère, qui gouvernoit defpotiquement la chofe publique de Paris.

Aujourd'hui, ce n'eft plus cela. Toute l'adminiftration fe trouve tellement divifée, que chaque partie fe fuffit à elle-même. Autrefois, rien ne fe faifoit fans le concours du procureur du roi, pas même dans les plus petits détails : aujourd'hui, tout fe fait fans la participation du procureur-fyndic de la commune, & nous n'avons eu aucune part à ce qui s'eft fait dans les différens départemens.

Nous aurions cru apporter le trouble, augmenter le défordre & la confufion qui étoient à leur comble, fi nous avions voulu nous mêler & prendre connoiffance d'une adminiftration que chaque département adminiftrant regarde, comme n'appartenant qu'à lui feul, comme étrangère à notre miffion, & dont il eft comptable & refponfable, non pas à nous, qui ne pourrions être regardés que comme des infpecteurs & des furveillans, mais à vous, Meffieurs, qui êtes les difpenfateurs, les ordonnateurs & les juges fuprêmes. Nous avons cru, & vous le croirez auffi, que des adminiftrateurs refponfables n'avoient à confulter que leurs propres lumières, & ne devoient avoir d'autre guide que leur confcience. Nous avons cru qu'une furveillance particulière, de notre part, auroit pu diminuer cette responsabilité, à quoi nous pouvons ajouter que nous n'avions d'autre régle que quelques articles du plan de municipalité, & que ce plan ne nous donne aucune espèce de surveillance.

Ainsi notre conduite, en ce point, a été dictée par la prudence, l'amour de la paix, l'amour du bien commun, auquel nous avons cru devoir sacrifier des prétentions & des réclamations qui, dans l'ancien état, auroient été fondées; mais qui, dans le nouvel état, auroient pu causer des inconvéniens, dont le moindre auroit été un retard toujours nuisible dans l'administration, qui n'opère le bien que par sa promptitude & son activité. Quand le bien a été opéré, & promptement, qu'importe à de bons citoyens la manière dont il l'a été?

Nous avons cependant co-opéré, par nos conclusions, à des proclamations, des promulgations de réglemens qui avoient pour objet de maintenir ou rétablir l'ordre dans certaines parties. Notre concours étoit nécessaire, pour leur donner la force qu'elles doivent avoir.

Ne prenez pas pour des plaintes ce que je viens d'avoir l'honneur de vous dire: non, Messieurs, je ne me plains pas; je m'excuse, au contraire. Que pouvois-je, helas! dans l'état incertain & précaire où nous sommes!

Mais, Messieurs, nous avons eu des fonctions propres, & ce sont ces fonctions que nous nous sommes attachés à remplir avec fidélité & avec exactitude. Je vais en mettre le détail sous vos yeux.

Vous m'avez spécialement chargé de faire la dénonciation de ceux qui, par la notoriété & l'opinion publique, étoient prévenus du crime de *lèse-nation*; ce crime n'est autre chose que celui que nous connoissons, & que nous avons toujours connu sous la qualification de crime de *lèse-majesté*.

Avant la révolution, & depuis long-temps, ce titre de *majesté* n'étoit donné qu'à la Divinité & aux Rois, considérés comme ses images sur la terre. Donné aux Rois, il n'est pas aussi ancien qu'on pourroit le croire; il n'a commencé à leur être attribué qu'en 1483, & Louis XI est le premier des nôtres qui l'ait porté.

Mais, plus de XVI ou XVIII siécles auparavant, ce titre de *majesté* appartenoit à un peuple libre, qui nous a laissé de grands exemples; ce peuple que le prince des poëtes a appellé *populum latè regem*; ce peuple étoit roi d'un vaste empire, parce qu'il étoit libre : nous sommes libres, Messieurs, & les attentats contre la liberté sont devenus des crimes de lèse-majesté (1).

J'ai fait, Messieurs, plusieurs dénonciations, & je les ai faites, soit en vertu de vos ordres exprès, soit en conséquence des autorisations spéciales, qui m'ont été données par les honorables membres qui composent votre comité des recherches, que j'ai regardés, & que j'ai dû regarder comme vos mandataires à cet égard. Je n'ai rien fait de mon chef. Ils ont dirigé mes démarches. On ne peut agir avec trop de précaution, quand on agit au nom de la commune de Paris.

Cette mission m'a mis alors dans une correspondance nécessaire avec les magistrats que l'assemblée nationale a

---

(1) Avant 1483, le nom de *majesté* n'étoit donné qu'à l'empereur. Il le portoit, comme successeur des anciens césars, & de ces empereurs à qui le peuple Romain l'avoit cédé, en leur cédant sa souveraineté.

désignés & choisis pour être les juges de ce crime. Je ne me suis jamais regardé comme l'adversaire de ceux que je dénonce; je mets, dans mes démarches, l'impartialité qui vous convient à vous. Je suis l'ennemi du crime, & non pas des accusés. Je désire, comme vous le désirez sans doute, trouver des innocents dans ceux que mon ministère me force de désigner comme coupables.

Depuis le compte que vous a rendu votre comité des recherches, j'ai fait trois dénonciations.

Celle du marquis de Favras; vous en connoissez l'issue.

Celle de M. de la Grey, en vertu de vos ordres précis. Sur l'information, M. de la Grey a été décrété d'ajournement personnel, qui, depuis, a été modéré & converti en assigné pour être ouï. Il se prétend innocent; à en juger par la nature du décret, on ne doit pas le regarder comme aussi coupable qu'il a paru dans les premiers instants, lorsque vous avez autorisé le département de police à s'assurer de sa personne. Il a voulu reprendre des fonctions, qu'il avoit lui-même abdiquées. Nous avons tous été témoins de ses efforts: je ne lui ai opposé d'autre résistance que vos arrêtés. Vous avez jugé, Messieurs, qu'un administrateur de la commune de Paris ne devoit pas même être soupçonné, & qu'une simple présomption d'innocence n'étoit pas suffisante pour lui rendre votre pleine confiance.

La troisième est celle de M. Marat, auteur de l'*Ami du Peuple*; ce journal, que vous avez jugé incendiaire, séditieux & calomnieux : M. Marat a pris la fuite. Le procès doit se faire par contumace. Cependant il écrit, & toujours sur le même ton.

Les procès subsistants des anciennes dénonciations, sont:

Celui du prince de Lambefc, dont le jugement s'eſt trouvé retardé par l'incertitude de la procédure à tenir contre un accuſé contumax, d'après les premiers décrets de l'aſſemblée nationale. Cette incertitude vient d'être levée par un nouveau décret ; & , ſans douté, le peuple de Paris, ſi maltraité par ce fauteur du deſpotiſme, ce cruel exécuteur d'ordres inhumains & inſenſés, apprendra bientôt........ Pourquoi ne dirois - je pas ſa condamnation ? Peut- on préſumer l'innocence de celui que tant de bouches accuſent & qui fuit ou ſe cache, au lieu de ſe défendre ?

Celui du complot atroce, tenté d'être mis à exécution, le matin du 6 octobre, & qui, s'il n'eût été arrêté, auroit rempli la France de deuil, & couvert Paris d'un opprobre éternel. C'eſt à vous, illuſtre garde - nationale, c'eſt à vous, braves Pariſiens, que nous devons le bonheur d'avoir, dans notre ſein, un Roi que nous chériſſons ; un Roi, le meilleur ami de ſon peuple, le plus ſincère ami de la liberté ! Quel dépôt ! Qu'il doit nous être précieux ! Méritons, Meſſieurs, de le conſerver, comme nous avons mérité de l'acquérir.

Enfin le procès des enrôlemens dans lequel pluſieurs perſonnes ſont impliquées, & même ont été priſonnières, en vertu de décrets ; l'inſtruction s'en fait tous les jours ; la multiplicité des accuſés la rend longue & difficile.

Dans l'ancien régime, la police de Paris ſe trouvoit diviſée ; une partie appartenoit à la juriſdiction de la ville ; ſavoir, la police de la rivière, des ports, des quais, des ponts, des cours & remparts, des chantiers de bois & de charbons. La ville avoit toute eſpèce de juriſdiction relativement à ces objets, & connoiſſoit de toutes ces matières, même entre particuliers. Cette police, relativement à la navigation, n'est pas bornée à la rivière de Seine, dans le voisinage de Paris; elle s'étend sur la rivière de Seine, la Marne, la Loire, l'Oise, l'Yonne, les ruisseaux, canaux & pertuis qui y affluent. Cette jurisdiction est propre à la ville de Paris, & s'exerce, dans les provinces, par trente-cinq subdélégués & trente-cinq substituts, qui sont spécialement chargés de veiller au maintien de l'ordre, à la facilité de la navigation, & à la sûreté de l'approvisionnement de cette immense capitale. Nos fonctions nous mettent en correspondance avec ces subdélégués & substituts.

Vous avez, Messieurs, sous les yeux, plusieurs écrits qui démontrent combien cette jurisdiction est nécessaire à notre subsistance: les provinces, où elle s'étend, sont elles-mêmes intéressées à la maintenir. Nous sommes cependant dans la cruelle incertitude de savoir si votre tribunal ne sera pas regardé comme un de ces tribunaux d'exception, trop multipliés, que l'opinion publique a proscrits; & si la jurisdiction, qui appartient aux *Nautes Parisiens*, depuis que ce nom est connu, ne sera pas enveloppée dans cette proscription.

A Paris, la police de la navigation, sur les quais, les ports, les chantiers, les cours & remparts, fondée sur d'anciens réglemens, dirigée par le tribunal municipal, qui connoît des contraventions, est entretenue & exercée par les huissiers-commissaires de police, par des inspecteurs & commis-mouleurs dans les chantiers, & par des inspecteurs sur les ports. Ces différens officiers, chacun en ce qui les concerne, ayant serment en justice, dressent des procès-verbaux qu'ils nous envoyent, & c'est à nous à poursuivre les délinquans. Nous l'avons fait avec précaution, sur-tout dans les premiers temps. Ce n'est qu'avec lenteur que l'ordre se rétablit, quand il a été subitement troublé par de violentes secousses. Après la tempête, les flots restent long-temps dans l'agitation, avant de reprendre leur équilibre. Nous avons provoqué des réglemens; ce que j'appelle *réglemens*, ne sont pas des loix nouvelles; ce ne sont, à proprement parler, que des proclamations pour ramener à exécution les anciennes loix, suivant lesquelles nous sommes obligés de vivre, en attendant qu'il nous en ait été donné de meilleures.

La jurisdiction de la ville n'est pas seulement une juris-diction de police; elle connoît, entre toutes personnes, des matières qui lui sont propres. Ces matières sont, entr'autres choses, les rentes sur l'hôtel-de-ville, le commerce de la marchandise de l'eau, le domaine propre de la ville. Toutes les contestations qui s'élèvent entre parties, relativement à l'approvisionnement de Paris, en bois, en charbon, en vin, en grains, en foin, &c. venus par eau, sont de la compétence de votre tribunal. Toutes ces contestations exigent notre surveillance, & souvent notre intervention, & le plus grand nombre ne se juge qu'après en avoir par nous fait le rapport, & donné nos conclusions.

Il reste, Messieurs, à vous rendre compte d'un dernier objet, jadis étranger à la municipalité, & qui, depuis la révolution, lui est devenu propre en quelque façon: c'est la police. Vous connoissez le décret de l'assemblée nationale, qui a établi chez vous un tribunal pour connoître des affaires qui étoient ci-devant attribuées au lieutenant

général

général de police. La police consiste en administration & en jurisdiction. La police d'administration s'exerce par des administrateurs qui ont été pris dans votre sein; la jurisdiction s'exerce, non pas par les officiers municipaux, mais par un tribunal particulier, par des notables que les districts ont librement élus, & qui n'ont, pour ainsi dire, rien de commun avec la municipalité; ce qui différencie la police de Paris de celle des autres villes, bourgs, villages & paroisses du royaume.

La police se fait & se juge d'après des procès-verbaux qui sont dressés par les commissaires des districts; & c'est sur ces procès-verbaux (quand, envoyés d'abord au département de police, ils nous sont ensuite renvoyés, s'il y a lieu) qu'à notre requête, les délinquans sont poursuivis & jugés au tribunal.

Le tribunal tient ses audiences exactement deux fois par semaine, les mercredis & samedis, depuis dix heures du matin jusqu'à deux heures après-midi, & souvent elles se prolongent au-delà. Il est arrivé, plus d'une fois, qu'après une séance de quatre ou cinq heures, les juges ont remonté sur le siége pour n'en descendre qu'à dix heures du soir.

Ceux que vous m'avez donnés pour co-opérateurs, sous le titre de *procureurs-syndics-adjoints* (1), & avec qui j'ai le bonheur de vivre dans une union qu'il est à désirer de voir régner dans toutes les parties de l'administration; mes co-opérateurs, dis-je, joignant à l'amour du bien public, des talens peu communs, y font un service assidu. C'est sur leur rapport & sur leurs conclusions que se dé-

_____

(1) MM. Mitouflet de Beauvois & Cahier de Gerville.

B

cident les conteftations qui font portées à ce tribunal, & qui, prefque toutes, y font introduites à notre requête.

Quelques-unes cependant y font portées à la requête des parties : comme il s'agit de police, notre miniftère, comme miniftère public, y eft toujours néceffaire. Les affaires y font multipliées ; mais elles s'y jugent fans procédure. Tout le monde eft admis à y porter la parole, & à s'y défendre fans miniftère d'avocat & de procureur : ceux qui s'y préfentent, en cette qualité, n'y font admis que comme les autres citoyens, & comme des amis qui viennent parler pour des amis, qui les ont chargés de les défendre. C'eft un vrai tribunal d'égalité; ce font des frères qui défendent leurs frères, comme ce font des frères qui jugent leurs frères.

Il n'y a rien d'arbitraire dans les jugemens, non plus que dans leur exécution ; les juges fe font impofé, & nous nous fommes impofé à nous-mêmes des régles fixes & invariables. Un réglement, adopté par le tribunal, a réglé tout le régime intérieur, & la procédure : il contient la déclaration que les anciennes ordonnances feront exécutées.

Un autre, beaucoup plus étendu, réduit les frais, & les amendes; règle la forme de perception & du recouvrement de ces amendes, de la manière la moins difpendieufe pour les débiteurs, la comptabilité du receveur, d'une manière fixe & exempte de fraude ; autorife le receveur à payer les frais perdus, les frais de transferement & de nouriture des prifonniers, l'impreffion des Jugemens d'office, le tout fur les amendes, & cela pour épargner cette charge au domaine de la ville.

Un de nos foins, Meffieurs, & qui nous eft commun avec

tous les membres du tribunal, est de maintenir les égards & même le respect qu'on doit aux comités de districts. Ces espéces de tribunaux paternels & domestiques, ces bureaux de paix, où des citoyens choisis & zélés, se dévouant à la chose publique, au détriment de leur chose particulière, ne se rassemblent que pour maintenir l'ordre & la tranquillité. Il arrive quelquefois que des citoyens (on ne sait de quels sentimens ils sont animés) les troublent dans leurs honorables & pénibles fonctions, & vont jusqu'à l'insulte & l'outrage. Vous nous saurez gré, sans doute, du zéle que nous mettons à réprimer ces excès.

Ce que nous disons des commissaires des districts, entendez-le aussi de la garde-nationale. Il est encore des gens qui n'ont pas pour elle toute la vénération, je dirois presque l'admiration, dont elle est digne, & qui, je le dirai encore, je ne sais par quel sentiment, affectent de confondre nos citoyens soldats & nos soldats Citoyens, avec les mercenaires d'autrefois, qui n'étoient que les agens & les suppôts du despotisme & de la puissance arbitraire. Nous avons eu malheureusement à exercer notre ministère à cet égard. Quelques jugemens imprimés & affichés, qui condamnent à la prison & à des amendes assez fortes, apprennent aux ennemis de l'ordre ce qu'ils doivent craindre, & aux amis de l'ordre, ce qu'ils ont à espérer.

Une espéce de fléau désole en ce moment la capitale; ce fléau est le jeu des loteries clandestines & étrangères. Les loteries en général sont un mal, comme tous les jeux de hasard, qui, par l'appas du gain, causent la ruine des joueurs.

*Sit, ne perdiderit, non cessat perdere Lusor.*

Le jeu des loteries étrangères est joué par la classe la plus indigente des citoyens, qui sont la dupe de la mauvaise foi & des friponneries sans nombre des banquiers de ces sortes de loteries. Il nous est parvenu de toutes parts des plaintes de leurs infidélités. Ce jeu de loteries étrangères & clandestines est sévèrement prohibé. Suivant les réglemens, ceux qui le jouent perdent le gain qu'ils peuvent avoir fait ; les banquiers qui reçoivent les mises, & facilitent cette espéce de jeu, encourent une amende de 3,000 livres. Nous avons vu plus de trente de ces sortes d'affaires ; & , ce qui les fait naître le plus souvent, c'est la mauvaise foi de ces banquiers obscurs, qui, après avoir reçu des mises, refusent de payer, quand le jeu leur est contraire.

Ces loteries prohibées me rappellent, en ce moment, des loteries d'une autre espéce : elles n'ont rien qui approche de celles dont je viens d'avoir l'honneur de vous parler ; car ce ne sont autre chose que des remboursemens qui se font par la voie du sort, de sommes empruntées par le Roi, & qui sont dues aujourd'hui par la Nation, dont les représentans ont mis tous les créanciers de l'état sous la sauve-garde de l'honneur & de la loyauté françoise. C'est ici, dans cet hôtel, que se fait le tirage de ces sortes de loteries. Nous sommes présens à ce tirage ; nous faisons nous-mêmes la vérification des billets sortis de la roue de fortune. A ces fonctions, attribuées aux magistrats municipaux, sont attachés des honoraires assez considérables, payés par le trésor royal. Nous avons promis de servir gratuitement la chose publique ; & vous-vous rappellerez, Messieurs, que vous avez agréé le sacrifice de ces honoraires que nous avons offert.

Les auteurs, les imprimeurs, les distributeurs, les colporteurs d'écrits séditieux, licencieux, calomnieux, faux & scandaleux, ont aussi excité notre vigilance; & le tribunal de police a donné quelques exemples de sévérité : ne croyez pas cependant, Messieurs, que nous nous érigions en censeurs, & que nous professions des principes contraires à la liberté de la presse. Nous savons combien cette liberté est salutaire : aussi nous n'avons jamais pris sur nous d'agir de nous-mêmes contre ceux qui ont été condamnés, comme ayant abusé de cette liberté, & porté l'abus jusqu'à une licence intolérable. Notre ministère a toujours été mis en activité par des plaintes & des dénonciations. Nous respectons la vérité; nous pardonnons les erreurs de l'esprit; mais peut-on tolérer le mensonge & la calomnie?

Vous me permettrez, Messieurs, de passer sous silence les autres détails de la police, qui sont immenses & minutieux. A quoi bon vous entretenir du balayage des rues, de l'enlévement des boues, de l'entretien du pavé, des lieux de prostitution, des académies de jeux, de la poursuite des filoux?

Mais, pour vous achever le tableau de nos fonctions, je vous ajouterai que nous avons, dans cet hôtel, dans cet asyle de la liberté, un parquet, un bureau permanent, toujours garni de secretaires & de commis, qui s'y rendent tous les jours, soir & matin, d'où ils ne sortent souvent qu'à onze heures du soir; où se rendent aussi, tous les jours, à certaines heures, les huissiers, commissaires de police, pour y recevoir les ordres nécessaires, & où, par conséquent, on peut répondre, à toute heure, sur les affaires qui s'y traitent. Ce lieu est ouvert aux citoyens, je ne dirai pas de tous les rangs, de toutes les classes, de tous les ordres, ( ces frivoles distinctions ont disparu; nous sommes tous égaux;) mais à tous ceux qui ont des réclamations à faire, & justice à demander; &, MM., sur-tout les pauvres y sont reçus avec ce ménagement, cette espèce de respect qui leur est dû : *Res est sacra miser*.

Nous nous sommes imposé la loi de nous y rendre tous les jours. On est sûr de nous y trouver tous les trois, depuis onze heures du matin, jusqu'à deux & trois heures; &, tous les soirs, on y trouve l'un de nous.

Enfin, nous laissons après nous des preuves toujours parlantes de notre travail; ce sont des registres qui se tiennent au parquet; l'un contient l'inscription de toutes les affaires concernant les rentes; un autre contient l'inscription de toutes les demandes, requêtes & mémoires, avec les conclusions préparatoires & définitives : un troisième contient l'inscription de toutes les causes de police, qui se poursuivent à notre requête, avec la note de leurs jugemens.

Ces registres ne sont pas un nouvel établissement; nous les avons trouvés existans : ils sont prescrits par l'ordonnance de 1672; nous n'avons fait qu'en continuer l'usage.

Vous nous excuserez, Messieurs, si nous sommes tombés dans quelqu'erreur. L'erreur est la compagne de l'Humanité; nous n'avons pas la vanité de nous en croire exempts. Nous avons, quelque temps, marché dans les ténèbres, quelque temps dans le crépuscule, avant d'arriver à la lumière. Ce que nous pouvons vous attester, c'est la pureté de nos intentions; & nous aimons à croire que vous nous rendrez la justice de n'en pas douter.

Tel est le précis de nos travaux; telles sont, quant à présent nos fonctions; nous les avons remplies tous trois de notre mieux; heureux, si nous pouvions nous flatter de l'avoir fait à votre satisfaction! plus heureux, si les successeurs que va nous donner une organisation définitive, pleins du même zèle, pouvoient trouver le moyen d'être plus utiles à la chose publique. Des citoyens généreux, comme nous sommes tous, Messieurs, des citoyens qu'anime le pur amour de la patrie, ne doivent pas regretter de quitter leurs fonctions, quand il s'agit de les remettre dans des mains qui seront jugées plus capables.

C'est la plus belle récompense que nous devions ambitionner, & que nous puissions recevoir de nos travaux.

BOULLEMER DE LA MARTINIÈRE.

*EXTRAIT du Procès-verbal.*

Du 11 Mai 1790.

L'ORDRE du jour ayant commencé, M. de la Martinière, procureur-syndic, assisté de MM. les procureurs-syndics-adjoints, a rendu compte des travaux du ministère public depuis son établissement jusqu'à ce jour; l'assemblée en ayant unanimement témoigné sa satisfaction, M. le président a

remercié ces MM. en son nom, dans les termes suivants :
« Messieurs, vous avez pénétré l'assemblée des sentimens les
» plus doux ; le compte de vos travaux est le plus bel éloge
» de la révolution. »

Et, sur la motion d'un honorable membre, il a été arrêté
que le compte rendu par MM. le procureur-syndic, procureurs-syndics-adjoints, seroit imprimé, distribué à tous
les honorables membres de l'assemblée, & envoyé aux
soixante districts.

    *Signé*, l'abbé FAUCHET, *président*.

FAUREAU DE LA TOUR,
THURIOT DE LA ROZIÈRE,
QUATREMÈRE, fils,
MÉNESSIER,
PELLETIER,
       *Secrétaires*.

_____

De l'Imprimerie de LOTTIN *aîné*, & LOTTIN *de S.-Germain*, Imprimeurs-
Libraires Ordinaires de la Ville, rue S.-André-des-Arcs, ( N° 27 ) 1790.

www.ingramcontent.com/pod-product-compliance
Lightning Source LLC
Chambersburg PA
CBHW070529050426
42451CB00013B/2932